JN424959

흙길을 걸으며

이수종 시집

문운당

▌차 례

첫•번•째•이•야•기

내 마음 머무는 곳에

두•번•째•이•야•기

생각 한번 바꾸면

세•번•째•이•야•기

세월이 지나면 아름다운 추억

네 • 번 • 째 • 이 • 야 • 기

산다는 것 그것이 이야기다

첫•번•째•이•야•기

내 마음 머무는 곳에

사월인 데

찔끔찔끔 봄비 내리는 이른 아침
영산홍映山紅이 활짝 꽃망울을 터뜨렸다

비는 멎었지만
하루 종일 우중충 개이지를 않고
구름이 뚫리면서
그 사이를 빠져 나온 장대 같은 햇살
그것도 잠시
하늘은 칙칙한 회색으로 도배가 된다
변덕스런 날씨가 기승을 부려도
봄은 어김없이 왔다가 간다

들꽃

바닷가 언덕 위
때가 되면 피고 지는 이름 모를 꽃들
거센 해풍이 불 때마다 노심초사하다
개화의 산고産苦를 겪고
이제 막 터뜨린 작은 꽃망울
그건 살짝 짓는 수줍은 미소여라
요염하지도 않고 화려하지도 않은
소박하면서도 절제된 내면의 아름다움
그게 그들의 참 모습이라네

강변에서

수면위에 비친 가로등 불빛
미꾸라지 꼬물대듯 물속을 파고든다

꼬리를 물고 달리던 자동차들
겨우 한두 대 지나갈 뿐
소란하던 대낮의 모습은 온데간데없고
초가을의 밤은 점점 깊어간다

인적마저 뜸한 강변 산책로
속삭이며 걷던 발걸음을 멈추었다
꼭 맞잡은 촉촉한 손
바라보는 눈빛이 다정스럽기도 하다
흩날리는 머리카락이 살짝 얼굴을 스친다

가을 바다

비가 그친 뒤
성큼 가을 문턱에 들어섰다
짭조름하게 간이 밴 갯내음
바람을 타고 해변으로 번진다
푹푹 찌던 불볕더위는
계절의 쳇바퀴에 한 풀 꺾이고
검게 그을린 벌거숭이들
약속이나 한 듯이 빠져나갔다
텅 빈 백사장 을씨년스럽기는 해도
파도는 모래위에 줄을 긋고
새들은 발자국을 찍었다
바다의 노래다

장마철에

한 달 가까이 이어진 가뭄
비가 올 기미幾微는 보이지를 않고
찜통더위마저 기승을 부린다
푸석푸석 메말라버린 밭 이랑
밭 장이는 맥을 놓고
이끼가 낀 녹색 강물은 흉물스럽기조차 하다

사장死藏된 줄 알았던 기우제가 웬 말
예전에는 더러 그랬다 해도
지금이 어느 땐데
속을 태우며 기다리는 애타는 마음
오죽이야 할까마는……

황혼 黃昏

낮은 언덕길
발걸음을 떼기가 힘에 부친다
이글거리는 태양, 한낮의 열기
아스콘 포장길은 갱엿처럼 눅진대고
역한 냄새에 양미간이 찌푸린다

늘 다니는 길인데도
오늘따라 왠지 멀기만 하다
얼굴은 온통 땀으로 범벅이 되고
예전 같지 않게 가빠지는 숨소리
잠깐 걸음을 멈추고 하늘을 본다
가속이 붙어 가늠할 수 없는 세월의 흐름
올해도 절반을 넘어섰다

산골짜기에서 아침을

지난밤에 내린 비로
산개울이 콸콸거리며 흐른다
잠을 깬 매미들
이른 새벽부터 시끄럽게 울어대고
문틈으로 들어온 냉기가
슬며시 홑이불 속으로 파고든다

겹겹이 겹친 산 너머에서 아침 해가 솟고
뿌연 안개를 걷어낸 햇볕이
풀잎에 맺힌 이슬을 깨트리면서
차츰차츰 산골짜기를 달군다
산 중턱에서 맞는 첫 아침이다

숲길

소나무 숲 우거진 그곳이 좋아
신발 끈을 졸라매고 산길을 오른다
아직 아무도 오지 않은 이른 새벽녘
솔향기 머금은 맑은 공기가
지치고 아린 가슴을 어루만져준다

앞산 그림자에 가려 좀 늦긴 해도
솔잎 사이를 비집고 들어온 햇살이
어슴새벽의 어둠을 밀어내고
숲속의 아침을 연다

한발 한발 디딜 때마다
바스락 바스락 솔 갈비 밟는 소리
낯선 침입자를 피하기라도 하듯
산새들 훌쩍 비상을 한다

태풍

낮게 깔린 먹구름이 하늘을 덮고
나뭇잎 흔들림도 멈추어버린
섬뜩하리만큼 고요하기만 하다
낌새를 챈 미물들이 먼저 자취를 감추었다
바람은 때리고 비는 퍼붓고
사정없이 한바탕 난리를 치고 나면
산과 바다는 평온을 되찾는다
용케 어디에 숨었다 나왔는지
날짐승들 보란 듯이 하늘을 난다

석양

한가운데 잡초들이 일렬로 줄을 섰던
소달구지 다니던 길

버스에서 내린 꾸부정한 노인
고개를 들어 위를 쳐다본다
하늘은 온통 검은 구름으로 뒤덮여
금방 소나기라도 내릴 듯하다
잠간 쉬었다 감직도 한데
움츠린 어깨를 펴고 서두르는 게
바로 떠날 모양이다

집까지 가는 데는
야트막한 고개를 넘고
개울을 건너
방천을 따라 걷기를
얼추 오리五里
비가 쏟아지기라도 하면 낭패다

젊은 사람한테도 녹록찮은 길인데
팔자걸음으로 뛰기도 그렇고
해 떨어지기 전에 도착하려면 다잡아야 한다

산이 좋아

잎사귀 사이를 스치는 바람소리
계곡은 속삭거리고
새들은 지저귄다
아무도 눈길 한번 주지 않는
길가에 핀 이름 모를 꽃들
날개 짓을 멈춘 나비 한 마리
떠날 줄을 모른다
오르는 길이 가파르긴 해도
그저 좋기만 하다
솔향기에 피로를 풀고
솔솔 바람에 땀을 씻는다

낙엽

지금은 헤어져야 할 때란다
눈이 시리도록 물들여진 이파리들
조용히 나무 곁을 떠난다
가고 보내는 이별
그들 마다 사연들이 있을 터
내년 봄 움틀 때 만나
왜 그랬는지 물어나 볼래

파도 같은 이별

한번 가면
다시 오지 못할 머나먼 길 떠났지라
피할 수 없는 운명이라 해도
받아들이기엔 너무나 힘든 시련
부질없다 하면서도
잊기엔 차마
애타는 기다림과 사무치는 그리움에
도리질을 한다

고향

늦더위가 물러나고
서리가 내리더니
가을은 이미 우리 곁으로 왔다
드문드문 구름이 끼어 있기는 해도
그런대로 맑기만 하다

야트막한 산을 깎아 도랑을 매우고
사통오달 길을 내어
작은 시골 마을을 도시로 바꾸어 놓았다
다른 건 다 변해도
하늘만은 그대로다

마음속에 담아둔
내가 자란 고향의 모습은 아니더라
어릴 적 뒷동산에 올라
또래들과 어울려
철없이 쏘다니던 그때가 마냥 그립다

신명난 허수아비

아무도 찾지 않는 논 한 가운데
허허거리며 웃고 서 있는
외로운 파수꾼 허 생원
비가 퍼붓는 날도
헉헉 숨 막히는 무더위에도
묵묵히 자리를 지킨다

너덜너덜
한 해에 옷이라곤 딱 한 벌
그게 다다
비록 다 떨어진 밀짚모에 옷은 넝마이긴 해도
제법 멋을 부렸다
어쩌다가 바람이라도 불면
깡통소리에 장단 맞춰 신나게 춤도 춘다

짝사랑

먼 곳을 보듯 바라보는 그윽한 눈길
가랑비에 옷 젖듯 스며드는 풋풋한 향기
입가에 번지는 미소가 아름다워라
입맞춤보다 더 감미롭고
포옹보다 더 가슴에 와 닿는 것이
스치고 지나가는 바람이라 해도
이 순간만은 잊을 수가 없다네

빗소리

점점 굵어지는 빗줄기
후두두둑
밀고 들어오는
창문 두들기는 소리
번쩍하는가 싶더니
우르르 쾅쾅
사나운 기세로
세상을 흔든다
수그러든 천둥 번개
간간이 들려올 뿐
비는 그치지를 않고 내리는데
누군가가 기다려지는
한낮이 지난 늦은 오후다

이유 있는 매력

어제 내린 비로
촉촉하게 적시어진 아스팔트 길
휙휙 차들이 쏜살같이 지나간다
신호 바뀌기를 기다리는 사람들 틈에
힐끗 하늘을 올려다보는 묘령妙齡의 여인
그의 표정이 해맑기만 하다
물기를 털어낸 바람이 그를 감싼다
희멀건 속살을 들어낸 무리 속에서
유독 미디차림인 그가
더 아름답게 보이는 건 왜일까

스커트는 무릎을 기점으로 허벅지 쪽으로 5 센티미터 이상 올라가면 미니, 발목에 걸면 맥시, 무릎과 발목 중간이면 미디, 무릎 위 5 센티미터 정도면 샤넬라인이라고 부른다. 미니, 맥시, 미디는 각각 최소, 최대, 중간을 의미하며 샤넬라인은 프랑스의 의상 디자이너의 이름에서 시작된 것이라고 알려져 있다.

난초 蘭草

겨우 명줄만 붙잡고
시름시름 앓더니
이젠 기운을 되찾아
오랜만에 생기가 돈다
쭉쭉 뻗다 살짝 휘어진 게
마치 수탉의 꼬리를 보는 것 같다

지하수를 길으면서

음수대 앞
여느 때 같으면 줄을 서야 하는데
이른 아침인데도 한산하다
꼭두새벽부터 하도 시끄러워
모터 펌프를 달았단다
꼭지마다 콸콸 쏟아져 나오는 게
그전과는 영 딴판이다
장난꾸러기 서넛이 못 둑에 한 줄로 서서
마치 시합이라도 하듯
고추 까고 쏘아대던 그 때가 생각난다

두•번•째•이•야•기

생각 한번 바꾸면

편견

그는 왼손잡이
볼 때마다 뭔가 모르게 어설프다
아둔한 행동뿐만 아니고
어눌한 말도 그렇다
여느 때와 다름없는 데도
유리창에 비친 그의 손놀림이
오늘 따라 이상하리만큼 자연스럽다
외려 내 모습이 부자연스럽기만 한데
잘못 본걸까 그럴 리가

정심 正心

퍼부었던 험담이 부메랑이 되고
세치 혀를 잘 못 놀려 구업口業을 짓네
뱉은 말은 쉽게 거둘 수 없고
엎질러진 물은 주워 담을 수 없듯
세상은 그렇게 호락호락한 것이 아니라네
절제되지 않은 감정의 기복
모자라도 그렇고 넘쳐도 그렇다

허욕

눈을 감으면 보이다가도
눈을 뜨는 순간 사라져 버리는
헛것이 만든 그림자
그걸 잡으려고
허덕거리며 쫓아간다
움켜쥐면 쥘수록
주먹 속 모래처럼 술술 빠지고
바람 불면 흩날리는 쭉정이와 같은데

수장 首長

순항하는 배는
선장이 둘이 아니듯이
산엔 산정山頂이
바다엔 가장 깊은 해연海淵이 있다
우두머리가 많으면
영令이 서지 않는 건 말할 것도 없고
티격태격 다툼만 잦을 뿐
사공이 많은 배는 산을 오르고
밑창 뚫린 배는 가라앉을 수밖에

아집

아무려면
꿈쩍이라도 할까 보냐
어리석긴
세상 돌아가는 걸
손바닥 보듯 훤히 꿰고 있는데

크게 한번 재미 볼 줄 알았을지 모르지만
백일하에 들통 났던 소가 웃을 일
밤새도록 생각해서 죽을 꾀를 낸다더니
아무래도 번지수를 잘 못 짚었어

제 눈의 들보는 보지 않고
남의 흠결만 보려 하네
억지, 그게 문제야
갈 길은 딱 하나

폭풍우

난생 처음으로
가슴에 안았다
동경하던 미지의 세계를

수평선이 헝클어지고
하늘이 난리를 친다
집채만 한 파도가 뱃전을 때리면서
뱃머리를 넘나든다
앞뒤 좌우 아래위로 흔들어대니
구르다 부딪치고
그러다가 엉키고
어지럽게 흐트러진 바닥
난장판이 따로 없다
비는 억수같이 퍼붓는데
어둠이 걷히고 동이 트려면 아직도 까마득하다
새로운 곳을 향해 내딛는 첫걸음이다

쓴 소리

하늘을 보라
그곳은 만백성이 비친 거울이라네
민심은 곧 천심
정도正道의 길을 걷고자 하려거든
위선의 탈을 벗고
닫혔던 마음의 문을 열어
넓은 세상을 만나보라
거기에 답答이 있다

마음의 소리와 빛

알 수 없어라
건너편 강둑보다 더 먼 곳에서 들려오듯
알아듣기 힘든
속내의 소리

알고 싶어라
열길 물속보다 더 깊은 곳에 꽁꽁 감춘
좀처럼 들어내지 않는
속내의 정체正體를

막무가내

시시비비를 가린다고?
막말과 삿대질
고함에다 얼굴까지 붉히더니
도를 넘어 급기야 이전투구
체면을 구겼으니 당분간 낭패다
길이 아니면 가지를 말고
말이 아니거든 갉지 말라 했거늘
느긋하게 좀 참지
무엇이 바빠서 난리를 치나
철따구니 없는 애들이라면 또 모를까
그것도 점잖은 사람들이
결국 탈이 났다
새겨들을 말 사필귀정

세태가 그런 걸

그는 빈방지기
하루 종일 방안을 왔다 갔다 해도
찾아오는 사람 없고
바쁘다는 핑계 그걸 누가 모를까
어쩌다 걸려오는 전화벨소리
수화기를 들면 뚜뚜뚜뚜
문전성시는 옛말
지금은 갓끈 떨어진 양반신세
그를 잊었다는 건 아닐 텐데
먼저 간 친구들보다 낫기는 하다해도
서글픔이 드는 건 어쩔 수 없나보다

사는 곳이 대수냐

까치는 옥탑 방에 둥지를 틀고
두더지는 반 지하방에서 잠을 잔다
노숙하는 길고양이에겐 부러움의 대상
비가와도 바람이 불어도 태평이다
어쩔 수 없는 운명이긴 해도
그건 좀 그렇다

비구니

무슨 업보로 중이 되었을까
아니라면 부처되기를 원했던지
길게 기른 머리카락 뭉텅뭉텅 잘려지고
예리한 삭도에 민머리가 되었을 때
눈물을 보이지 않으려고
부르트도록 깨문 입술

밤 깊은 산사
속가를 떠나 들어선 고행의 길
먹물 들인 승복에 경문 읽는 소리 낭랑하다
일렁거리는 촛불에 비친 앳된 얼굴
너무나도 고와서 처연하게 보인다

세•번•째•이•야•기

세월이 지나면 아름다운 추억

청사포

산모퉁이를 돌아 나온 열차가
꼬리를 보이더니
금방 시야에서 사라져 버린다

작은 포구였던 어촌이
즐비하게 들어선 횟집으로 바뀐 지도 오래
건널목을 지나 해안가에 이르니
삐죽삐죽 얼굴을 내민 바위들이 물장난을 친다
청사포靑砂浦란 이름이 무색할 정도다
방파제에 기대 낮잠을 자던 고양이가
인기척에 실눈을 뜨고
어슬렁어슬렁 자리를 뜬다

늙은 소나무 한 그루가
이곳 터줏대감이다

구룡포 九龍浦

호미곶과 이웃한 곳
주렁주렁 집어등을 달고
줄지어선 고깃배들
누가 뭐래도 동해안의 큰 항구다

왜정과 함께 눌러앉은 일인日人들
그들이 살다 떠난 길거리의 일부이긴 해도
옛 그대로 남겨 놓은 게 그나마 다행이다
좁은 골목길을 걷는데
게다(왜 나막신) 끄는 소리가 들리는 것 같다
작은 철공소가 눈길을 끈다
기계라곤 낡은 선반旋盤과 볼반(穿孔機)
그것들을 다루는 주인의 손놀림이 예사롭지가 않다
공원으로 가는 계단을 오르니
탁 트인 바다와 읍邑시가지가 한눈에 들어온다
왜식 기단 위 덮어버린 비문碑文의 비석
무슨 내용인지 알 길이 없다
시대의 아픔은 아픔대로 보여주는 것이 좋을 텐데

구룡포와 호미곶은 행정구역상 다르다. 구룡포읍이라 하면 대개 호미곶면을 연상한다. 선반은 원주의 내 외면을 선삭하는 기계이고 볼반은 구멍을 뚫는 기계이다.

미포(海運臺)

방금 청사포를 지나온 열차도
길게 이어진 철길도
추억 속에 묻힐 그날이 가까워진다

해안을 덮었던 해무가 엷어져
오륙도五六島가 살짝 얼굴을 내밀긴 해도
안개가 걷히려면
햇살이 두터워질 때까지
한참을 기다려야 한다

혹을 붙인 자라목 같은 동백섬
차들로 북적대는 달맞이 길
백사장도 야금야금 쪼그라들고
솔밭도 몸살을 앓기는 마찬가지
그것들이 사라진다 해도 이름만은……

미포는 해운대 동쪽 끝 작은 포구다. 동해남부선이 지나가는 길목인데 해운대역과 송정역 사이에 새로운 복선 공사가 마무리되면 열차 통행이 폐쇄된다. 또 이곳은 오륙도를 왕래하는 유람선 선착장이기도 하다. (2013 7월 어느 날)

운문령

국도 24호선을 빠져나와
상북 길목에서 반 마장 정도 달리다 보면
두 갈래 갈림길을 만난다
왼쪽으로 방향을 틀어
꾸불꾸불한 비탈길을 오르는데
엊그저께 내린 첫눈으로
한눈도 팔 수 없는 위험한 순간들이
곳곳에 도사리고 있다

고개 마루에 올라서니
엉성하게 지은 찻집이 길손을 반기는데
오래전부터 이곳에 자리를 잡았단다
창문너머 보이는 봉우리를 덮은 하얀 눈도
잠깐 머물다 떠나는 구름 같은 것
따끈한 갈근차 한잔에 긴장을 풀고
다시 길을 잡는다

정원박람회를 보고

오랜만에 걸망 메고
전라도全羅道 순천順天으로
마당 구경하러 간다

가든 엑스포(Garden Expo)
이름 한번 거창하다
기대만큼 실망도
명색이 정원박람회인데
갖출 것은 갖추어야지
뜰은 집에 딸린 마당
울타리(담장)도 그 일부분인데
무얼 보여주려 했는지
애쓰긴 했어도
정말 이건 아니다

격한 감정을 억누르고
서둘러 돌려버린 발길
그나마 위안이 되는 게
벌교筏橋 명물 꼬막이다

오데사에서 키에프로

끝없이 펼쳐진 광활한 평야
사방천지 보이는 건 맞닿은 하늘과 땅
영락없이 갇혀버린 동그라미 속
봉곳한 게 산山이란다
차창에 비친 뭉게구름
그 아래 펼쳐진 녹색의 초지
소들은 한가롭게 풀을 뜯고……

송도 해수욕장

남지나해의 바닷바람이
육지에 닿은 후
머무적거리다가
솔밭사이로 사라진다

1913년 개장 이래 어언 일백년
사라호에 찢기고 매미에 할퀴어도
오뚝이처럼 일어섰다
오염의 복병을 만나
세간의 관심에서 멀어졌던 한때의 불명예
그게 다가 아니다
슬그머니 지워버린 한 점 거북 섬
등어리에 타고 앉은 조잡스런 구조물
천혜의 아름답던 풍광을 잃었다
착잡한 심정으로 발길을 돌린다

해운대 동백섬

장산萇山 자락이 발길을 멈추고
잠시 이곳에서 쉬어간다

엉금엉금 기다가 납작 엎드린
모가지를 집어넣은 자라를 닮았다

협곡열차

철암역을 출발한 3량의 관광열차
황지 연못에서 발원한
천삼백 리 물길과 만난다

철거덕철거덕
계곡을 따라 달리는 철마의 발굽소리
벼랑길인가 했더니
어느새 터널 안이다

속살을 들어낸 강은 구름을 담고
병풍을 두른 듯 암벽이 길을 막아서는데
바위 틈새에 끼인 소나무 몇 그루가
아슬아슬하게 곡예를 한다

달리던 열차가 멈추더니
잠깐 내렸다 쉬어 가잔다
길쭉하게 열린 하늘
그 아래 승부역
쏟아져 나온 사람들로 북새통이다

강을 끼고 달린 철길 자그마치 칠십 여리
곧 분천역에 닿는다

당항포

고성 당항만
목 좁은 데를 지나
호수 같은 바닷길 30여리
임난 때 승전고를 울린 역사의 현장
왜장이 보낸 첩자가 깜빡 조는 사이
이자者가 그린 지도에
없던 운하를 그려 넣은
의기義妓 월이月伊의 기지가 놀랍다
물길이 막혀 되돌아 나오다
퇴로를 막은 조선 수군에 전멸하다시피 한 왜병
고약 종자들 천벌을 받았구나

다도해

찬 기운이 깔린 초입 겨울바다
말똥같이 널려있는 크고 작은 섬들
거개가 사람이 살지 않는 무인도다

해가 지면서 끝나버린 현란했던 저녁노을
거무충충한 잿빛 구름이 하늘을 덮자
서둘러 일을 마친 사람들
집으로 가는 발걸음이 빨라진다

섬들의 윤곽이 시야에서 사라지고
한 장의 검은 도화지로 변해버린 바다
처얼석처얼석
뱃전에 부딪치는 파도소리
새벽을 향해 밤은 점점 깊어가고·········

간절곶

수수만년
비바람과 파도에 할퀴고 깎여져
장대처럼 길쭉해진 작은 반도
뭍에서 가장 먼저 해돋이를 맞는다

여명이 어둠을 걷어낸
찬란한 아침놀
한해의 시작을 알리는
붉은 태양이 하늘로 솟구치자
웅성거림이 탄성으로 바뀌고
파도소리는 함성에 묻힌다

네•번•째•이•야•기

산다는 것 그것이 이야기다

동문 모임

수십 년에 걸친
한살 터울의 사람들
꾸역꾸역 모여든다
속절없이 변해버린 얼굴 얼굴들
그들에게서 본 세월의 무상함
그건 누구에게나 공평한 배려이긴 해도

시간의 흐름을 거슬러
첨벙 빠져든 층층의 과거 속에서
멈출 줄 모르는 동안童顔의 옛 이야기들
선先과 후後라는 단단한 고리로 이어진 유대
오뉴월 하루 볕이 무섭긴 무섭다
그건 그들만의 정서라네

내 너를 떠나보내며

이제는 우리가 헤어져야 할 때
부수고 섞고 끊고 갈며 고락을 함께한 세월
너의 소중함을 모르던 철없던 어린 시절
평생 같이 사는 줄만 알았기에
난 너에게 함부로 대했다

언젠가 관冠을 쓰고 싶어 했을 때
넌 이미 바람 든 쑥돌처럼
수명이 다한 돌이 되었다고 하더라
금관, 그게 무슨 영화榮華일까

떠나기 전에 잠깐 이어진 동거
그래도 다행인 것이
있던 자리를 허물지 않은
나를 아껴준 너의 마지막 배려
정말 고맙다

오복五福아!

늦긴 해도

네 이웃을 다독대며 살란다

나 곁에 더 있어 주었으면 했는데……

오복五福은 수壽, 부富, 강녕康寧, 유호덕攸好德, 고종명考終命을 말하나 옛 어른들은 건강한 치아(健齒)를 오복중의 하나라고 했다.

마지막 수업

침묵이 흐른다
큼지막하게 판서板書한
"종강"

수십 명이 줄지어 앉은
후덥지근한 공간
정적을 깨는
바스락거리는 소리
모두들 열심히 쓰고 있다
이 시간이 지나면
마침표를 찍는 정규수업강의
교학상장教學相長
그 의미를 되새겨보는 순간이다

교탁 옆에 서서
지난 세월을 반추해본다
스쳐 지나가는 기억 속의 장면들

그곳에 내가 서 있고
나를 바라보는
수많은 얼굴들이 나타났다 사라진다

면접

그전에는 이력서에 본적난이 있었는데
언제부턴가 그 마저 없어졌다
전라도全羅道면 어떻고 경상도慶尙道가 어때서

한 때는 동물 애호에 대해 묻기도 했다
정작 필요한 건 나라 사랑인데
그건 피차간에 무관심이다

막상 전공은 뒷전으로 밀리고
너나없이 매달린 게 토익이라는 시험

어디까지 믿어야 할지 모를 자기소개서
부풀려진 성적 인플레
고심 끝에 지역과 출신학교를 고려한 백분율
그걸 평가기준으로 삼는단다

일렬로 앉은 주눅 든 모습이 안쓰럽다
초임 급료는 주는 대로 받되
일 년 후에는 자기가 정하겠다는
대찬 응시자가 보이지를 않는다

검정 통고무신

밑바닥이 닳아 흙이 차오른다
엿 바꿔 먹을 때가 한참 지났다
덜렁거리면 고무줄로 동여매고
찢어지면 실로 꿰맨다
비오는 날은 물이 새는 쌍끌이 배

기다려지는 장날(五日場)
문수文數가 지워진 건 말할 것도 없고
그새 발이 제법 커졌다

해가 서산에 걸릴 무렵
장에 갔다 온 아비의 손에 새 검정고무신
늦은 아쉬움이 그의 얼굴에 묻어난다
약간 헐렁하긴 해도
아이는 신이 나서 어쩔 줄을 모른다

먹자골목

밥집 골목길
다닥다닥 붙은 허름한 집들
무리(群)들이 빨려 들어간다
발 디딜 틈 없이 모여 앉은 사람들
지글거리는 불판의 냄새
머리위로 날아다니는 쟁반錚盤 하며
여기저기서 질러대는 시끄러운 소리
아예 품위 찾기는 글렀다
밤은 깊어가는 데 자리 뜰 줄 모른다
이 시간에 기다리는 사람도 없나
아님 궁둥이가 무겁든지

추억 속의 일기

그때 그는 여섯 살짜리 올배기
모두들 그를 에미꼬라 불렀다
좀 고집스럽기는 해도 경우가 분명했다
선머슴아라고 놀려도 무덤덤할 뿐
땅따먹기 놀이에도 늘 그가 이겼다

해방이 되고 부터
그의 가족은 일인日人들이 버리고 떠난
적산가옥敵産家屋에서 살았다

이사 가던 날
어디라는 말 대신
그냥 도회지라고만 했다
무지하게 더웠던 그날
아침 일찍 이삿짐을 꾸린 건
가는 데가 먼 곳이었는지도 모른다
도락구(트럭)를 타고 그들은 떠났다

아직도 궁금한 건
그 시절 흔치 않았던 이사와
그의 일본식 이름이다

그때나 지금이나 아는 거라곤
남에게 지기 싫어하는 성격과 그의 이름뿐
어느 하늘 아래서 사는지 알길 조차 없다

수數의 홍수

넘쳐나는 숫자
태어나자말자 부여받는 고유번호
주소의 끄트머리 번지와 전화번호
매겨지는 숫자는 부지기수
하루 종일 그들에 묻혀 살아도
막상 연상되는 대상은 고작 몇 개 정도
이 시대를 살아가는 데는
받아들일 수밖에 없는 추세다
열 개의 숫자가 세상을 지배한다
대치되는 효율성과 시각적 연상
이질적 문화가 공존하는 시대적 동시성
지금 우리가 살고 있는 세상이다

씨름

모래판의 민속 축제
두 거구가 샅바를 잡고 한 판 붙었다
안다리 발걸이 뒤집기 잡치기 호미걸이
여기에 들배지기까지
기술을 걸 때마다 뒤섞이는 탄성과 아쉬움
몸은 땀으로 흠뻑 젖고
언제 균형이 깨질지 모를
잠시도 긴장을 늦출 수 없는 긴박한 순간이다
힘과 기技로 맞서 겨루는 경기
황소 트로피가 주인을 기다리고 있다
마지막 승자와 패자가 가려지고
풍악이 울리면서 새로운 장사가 꽃가마를 탄다

겨울밤 이야기 꽃

"아이고 이게 누고
맷 달 만이제
기별이 없어서 우짜나 했는데
그래 잘 왔다
집은 다 팬코
기다리고 있었다 아이가"

"머라카노 버시로 간다 캔나
밤길 상그러우니까
그냥 자고 가거라
건너 방에 군불 잔뜩 때어 놓았으니
아랫목이 지글지글 끓을 끼이다"

해도 해도 이야기는 끝이 없다
오랜만에 만난 반가움에
시간 가는 줄 모른다
갈대 사이를 비집고 나온 찬바람이
문풍지에 걸려
철기 날개 털 듯 퍼드덕거린다

젊은 할배

젊음이 넘치는 광장
용암이 분출하듯 열기를 내뿜고
사뭇 혈기는 절정을 향해 치솟는다
이들 속에 끼인
성성한 백발의 노익장
비록 초대받진 못했어도
시들지 않은 열정
활화산만 화산인가 휴화산도 화산인데

어떤 모임

한낮, 낯선 몇 사람과 함께 여럿이 모였다
언제부턴가 약속시간 어김없다
한 시간 늦는 거야 예사로 치던
"코리안 타임"
한때 유행했던 옛말
그 후로 세상이 엄청 변했다

내년 봄에 프랑스 남부로 여행 간단다
반 고호도 만나고
마르세이유도 가보고
유람선도 타고
걷기도 하고
들뜬 마음에 벌써 한 배를 탔다
이런 저런 이야기에 시간도 잊고
미지의 세계를 만날 기대감에
시장한 줄 모른다

그가 있어 좋았네

내 마음을 담은
정성들여 쓴 글
그는 싱긋 웃고 묵독默讀하다가도
간혹 지적도 하고 깔깔 웃기도 한다
글쟁이 글이 아닌
투박한 나의 글발에
무슨 별스런 느낌을 받았을까마는
그래도 안 내치고 꼭꼭 읽는다
수십 년 지기처럼 참 편한 사람이다

철마가 다니지 않을 철길

해운대역을 출발한 열차가
철거덕거리며 미포를 지난다
청사포 구덕포를 거치면 송정역이다

동해남부선 해운대 송정사이
한해가 저무는 계사년 12월의 첫째 날
퇴역한 증기기관차(汽車)에 이은 디젤기관차機關車
이들이 달렸던 단선 철로
내일이면 역사의 뒤안길로 사라진다

울창한 송림아래 부서지는 하얀 포말
그 사이를 가르고 다녔던 철마
가난을 이고 살았던 시절의 사람들에겐
그건 단지 오가는 교통수단일 뿐
그 이상의 생각은 사치였는지도 모른다

추억

해운대 동백섬 소풍가던 날
털털이 버스 타고
논길도 걷고
섬인 줄 알았는데 섬이 아니더라
잰걸음에 오르니
한눈에 들어오는 달맞이 고갯길
송림을 끼고 펼쳐진 넓은 백사장

바다는 모래를 나르고
장산萇山은 쓸어 담고

5월초라 해도
한기가 남아 있는 쌀쌀한 날씨
몇 녀석들이 덜렁 바다에 뛰어든다
멱 감는 철도 아닌데
철이 덜 들어서 그랬을까
객기를 부리더라

거짓말에도 금기가

거짓말에 그럴싸한 포장
언제 풀릴지 모를 허술히 묶어진 거짓의 끈
날개를 달고 춤을 춘다

과시욕의 유혹에 빠지면
탈이 나기 마련
거짓말인 줄 알면서도 계속하다 보면
자기도 모르게 자기 말에 속는다

부풀려진 거짓말은
솜사탕 같고
꾸민 거짓말은
속빈 강정처럼 알맹이가 없다

집에 금송아지가 있다는 뻔한 거짓말도
한 때 객기를 부렸다는 허풍도 좋다
다른 건 몰라도
부모를 욕辱되게 하는 거짓말은
삼가야 할 망발妄發

그에겐 부산은 제2의 고향

그는
동족상잔, 6.25동란으로
고향을 잃은 실향민
두견화 곱게 피는
영변이 그의 고향이란다

훌쩍 일흔을 넘긴
노인이 된 까까머리 소년
한 주갑周甲보다 더 많은 세월이 흘렀어도
나서 자란 어릴 적 고향을 잊지 못한다

지금도 종종 북쪽 하늘을 바라다본다
언젠가는 다시 찾을 두고 온 산하
가물거리는 어릴 적 또래들의 얼굴
형들 따라다니며 모래무지 잡던
그 때가 무척이나 그립단다
지그시 감은 그의 눈가에
눈주름이 잡히면서 가벼운 경련이 인다
스쳐 지나가는 환영이라도 본 걸까

닮은 꼴

어머니와 딸
얼굴이 닮았다
키 역시 비슷하고
곱게 걷는 걸음걸이도
음전한 어머니에 그 딸
이구동성으로
자매 같다고 입을 모은다
그 말 듣고 둘 다 좋아하겠네

모노드라마

타이틀; 위문공연
장소; 편안한 집 아트홀
공연일자; 모년 모월 모일
장면; 1막 1장

웃음을 자아내는 우스꽝스러운 몸짓
머리에 쓴 냄비가 흔들흔들
허리에 꿰찬 주걱과 족자가 딸가닥거린다
발표회에 나온 꼬맹이처럼 진지하다
그미를 위한 팬터마임

나이 일흔

환갑 진갑 다 지나고
벌써 여덟 해나
어느새 성큼
노인의 반열에 올랐다
주민증을 내밀면
으레 어르신이란다
실수라도 하게 되면
이 나이로는 회복할 시간도 촉박하다
그저 조용히 쉬면서 살라하네
그러나 그러기에는 아직도……

무제

노후老朽된 낡은 파이프
시도 때도 없이 찔끔찔끔
여간 고역이 아니란다
승강기 바닥에 뒹구는 전단지에
"막힌 곳 확 뚫습니다"
그게 그렇게 쉬이 고쳐진다면야 무슨 걱정
말이 되는 소리를 해야지
고장 난 그걸 잡고선
실랑이를 한다
그렇지만 어쩌나
수십 년을 쓰고 난 지금에 와서……

次興 先生

奉化 春陽面의 晩山古宅
솟을 大門에 들어서자
舍廊채에 걸린 興宣 大院君의 親筆로 알려진
晩山이라는 懸板이 눈길을 끈다

次興 姜 百基
晉州 姜氏 二十五代孫
韓末의 文臣, 晩山 姜 鎔의 玄孫
古宅을 지키는 어른이다

太白의 기운이 서린 이곳
先代의 憂國衷情 精神을 받들고
家門의 傳統을 이어가고 있다

先生과의 偶然한 만남
所重한 因緣이 아닐런지

짧은 해가 산마루를 넘은 지 오래다
餘音마저 사라진 풀벌레소리
가을밤은 점점 깊어간다

태종대에서 생긴 일

수군대는 짓들이 수상타 했지
이날 대미大尾는 입은 채로 강제입수
물속으로 던져질 때마다
배를 잡고 파안대소를 한다
지들 치는 장난을 구경한 죄?로
순번에 없던 내 차례가 왔다
속수무책
풍덩!
바다 헤엄에는 봇돌인데……
하필 이때 불어오는 찬 바닷바람
젖은 내의 속으로 냉기가 사정없이 파고든다
몸은 사시나무 떨 듯 부들부들
따닥따닥 잇빨 부딪치는 소리
흠뻑 물먹은 바지는 쩍쩍 달라붙고
영락없이 물에 빠진 생쥐 꼴이다

세월은 흘러도 이야기는 남았어라
한 토막의 기억을 꺼내어본다
지금 어디서 무엇들을 할까

인절미

철퍼덕철퍼덕
떡메가 춤을 추고
찐 찹쌀 으깨지는 소리
주물럭주물럭
함지에다 엿판처럼 고르게 편 뒤
고소한 콩가루 고물을 골고루 뿌린다
접시로 쓱쓱 굴린 긴 가래떡
어떻게 토막을 내었는지 끄트러기도 없다
군침이 돌아도 광에 얼씬은 커녕
그랬다간 혼쭐이 난다
설날 차례에 올릴 인절미다

못골

금련산 자락이 끝나는
용호만을 낀 산 아래 개울가
이곳에 터를 잡고
집을 지었다

참담했던 전쟁
강산이 변한 후에 잠긴 문을 열고
옛 자리에 한데 모여
못다 부른 노래를 불렀다

고르고 다진 터 위에 다시 집을 짓고
가을하늘 아래서 뛰고 뒹굴며
동네사람 모아 놓고
잔치 한판 벌렸다
젊음을 발산하는 축제의 마당
내지르는 함성이 골을 매웠고
행사가 끝났어도 아쉬움이 남아
뒷산에 올라 뒤풀이를 하고서야
뿔뿔이 헤어졌다

세월 속에 묻혀버린 추억의 뒤안길
못골 이라는 이름이
우리 곁으로 다가온다

어머니 생각 (1)

이삭은 줍더라도
사람 이삭은 줍는 것이 아니지
역마살이 있는 사람은
언제 떠날지 지조차도 몰라
근본 없는 사람과 다를 바 없니라
울 엄마가 던진 한마디

어머니 생각 (2)

젊어서는 그릇을 키워라
마흔을 넘어서면
세상 물정 알 만큼 알게 된다
말하는 것과 처신하는 것들을
많이 보고 듣고 배워라
조급한 생각은 아예 버려라
그 때 가서 담아도 늦지 않다
얄팍한 잔꾀는 졸장부나 할 일
대장부는 무엇이 달라도 달라야 한다
이따금씩 일러주던 말들
지금도 귀에 쟁쟁하다

아버지의 농사일

"이 보소
짐상(金氏) 박싸앙(朴氏)
뱃가죽이 등 쪽에 붙었겠다
막걸리나 한잔하고
좀 쉬었다가 하소"

첫 참을 먹은 지
한 시간도 채 못돼
또 불러낸다
벌써 두 번째
일은 언제 마칠라카노
못 마땅한 어머니의 표정
속이 뒤틀려도 꾹 참을 수밖에

여럿이 논두렁에 쪼그리고 앉아
한 사발씩 쭈욱
생두부에 묵은 김치가 맛을 거든다

내려쬐던 햇살도
잠깐 구름 속에 숨고
검게 그을린 구리 빛 얼굴에
포만의 느긋함이 살짝 묻어난다

들릴 듯 말듯 혼자만의 소리
"일하는 데는 머라 캐도
뱃심이 제일이거든"

그 시절의 변소

차가 들어가지 못하던 골목길
새벽 곤하게 잠든 시간
뒷간 푸라고 고함을 지른 뒤
온 동네를 떠들썩하게 휘 젖고는
똥바가지로 퍼 담은 꽉 찬 똥통
등 지게에 끼운 작대기 양쪽에 매달고
뒤뚱거리며 나르는데
출렁거려도 흘리지 않는 것이
가히 신기에 가까웠다
북청 물장사가 보았다면 뭐라고 했을까

흙길을 걸으며

초판인쇄 | 2014년 4월 22일
초판발행 | 2014년 4월 25일

저　　자 | 이수종
발 행 인 | 이성범
발 행 처 | 문운당
주　　소 | 서울시 종로구 혜화로5길 16 (명륜1가 45-3)
전　　화 | (02)762-6010
팩　　스 | 영업 (02)745-0265 / 편집 (02)762-8758
홈페이지 | http://munundang.co.kr
이 메 일 | munun2@chol.com

ISBN 979-11-5692-000-7 03810

정가 8,000원